Le fornaci romane di Albinia

Resoconto preliminare della campagna 2007

A cura di Silvia Pallecchi

Testi di:
D.Vitali (Università di Bologna),
C.Calastri (Università di Bologna),
S.Pallecchi (Università di Siena),
E.Vecchietti (Università di Bologna),
M.Colombini (Università di Siena),
A.Crivelli (Università di Siena),
S.De Sanctis (Università di Siena),
C.Fioravanti (Università di Siena),
C.Regoli (Università di Siena),
M.Revello Lami (Università di Siena)

1° Edizione, luglio 2008

ISBN 978-1-4092-1514-1

Questo lavoro è dedicato a tutti coloro che, con il loro aiuto e il loro sostegno, morale e materiale, hanno consentito l'esecuzione della campagna 2007. Grazie!

Indice

1. Introduzione

L'indagine archeologica di un complesso industriale specializzato nella fabbricazione di anfore da trasporto costituisce un'occasione assai rara e preziosa per la raccolta di informazioni fondamentali per la ricostruzione del funzionamento di segmenti portanti dell'economia antica di un territorio.

Quando, poi, l'indagine interessa un complesso come quello di Albinia che, oltre ad essere il più grande che si conosca in Europa per il periodo romano, si è conservato intatto nello spiccato delle strutture ed è ancora inserito all'interno di una organizzazione territoriale perfettamente leggibile (le vigne nell'entroterra, il fiume, la strada, l'approdo, la stazione di posta e il centro abitato) allora diventa indispensabile che le attività di ricerca si integrino con adeguate attività di valorizzazione e di divulgazione.

Per questo è sorta l'esigenza di formulare un progetto che si dedicasse con impegno rinnovato alla valorizzazione dei risultati della ricerca, anche come stimoli per un potenziamento della vocazione turistica dell'area. All'interno di questo progetto è nata l'idea di condividere con la popolazione locale le varie fasi della ricerca e, in quest'ambito, si inquadra anche l'iniziativa di questo fascicolo, che mira ad illustrare in maniera sintetica i risultati preliminari della campagna appena conclusa.

Nei mesi che seguiranno, questi risultati saranno rielaborati, sviluppati ed integrati con lo studio di dettaglio dei materiali rinvenuti nel corso dello scavo, oltre che con l'ordinamento delle sequenze stratigrafiche documentate. Le ipotesi ricostruttive che ne scaturiranno costituiranno la base per la progettazione della prossima campagna di scavo, che è prevista per la primavera 2008.

Daniele Vitali (Università di Bologna)

2. La campagna 2007

La campagna appena conclusa ha avuto la durata di 10 settimane, distribuite nei mesi di Giugno, Luglio e Agosto e ha visto la partecipazione di circa 60 studenti dei corsi di archeologia delle Università di Bologna e di Siena.

La scelta del periodo è stata determinata dalla necessità di intercettare il momento in cui il livello della falda naturale era più basso, per poter approfondire l'indagine in aree come quella della cava di argilla, nelle quali in altre stagioni la falda affiorante impedisce una accurata lettura delle stratificazioni.

Nel corso della campagna si sono ampliate e approfondite le indagini all'interno di una serie di aree (la Corte dei Fornaciai, il Forno 6 e il Portico Sud) già parzialmente indagate nel corso delle campagne precedenti e, in aggiunta, si sono aperti nuovi fronti di indagine all'interno di aree inesplorate, come la Cava di Argilla e la Corte di Carico Est.

Le indagini hanno consentito di distinguere contesti archeologici pertinenti a tre differenti orizzonti cronologici relativi, rispettivamente, ad un momento precedente all'organizzazione del grande complesso produttivo delle fornaci, al periodo di utilizzo dell'impianto stesso e ad un momento che segue il crollo della produzione delle anfore.

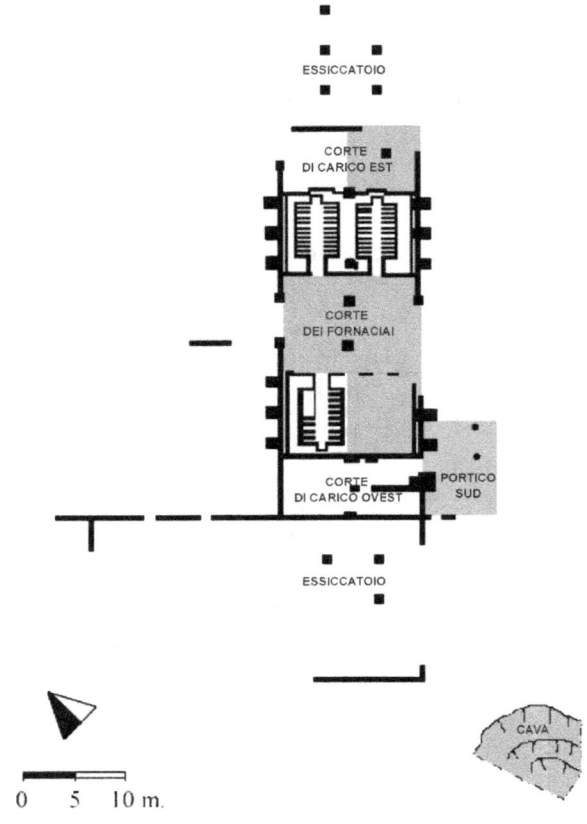

ESSICCATOIO

CORTE
DI CARICO EST

CORTE
DEI FORNACIAI

CORTE
DI CARICO OVEST

PORTICO
SUD

ESSICCATOIO

CAVA

0   5   10 m.

Figura 1. Planimetria dell'area centrale del complesso delle fornaci di Albinia (rielaborazione da un originale di C.Calastri). In grigio le aree interessate dalla campagna 2007.

Prima delle grandi fornaci. Le indagini condotte nell'area del Forno 6 e della Corte dei Fornaciai hanno consentito di individuare una serie di strutture murarie, realizzate con grosse pietre calcaree parzialmente squadrate, che non appaiono coerenti con l'organizzazione dell'impianto delle grandi fornaci romane.

Figura 2. Esempio di struttura che sembra precedente l'impianto delle grandi fornaci romane

Di queste strutture, che allo stato attuale delle ricerche, affiorano solo in alcuni punti dell'area di scavo e che sono state rasate o parzialmente demolite in occasione della costruzione delle grandi fornaci, non è ancora possibile fornire interpretazioni. Quello che si può ipotizzare, soprattutto sulla base delle caratteristiche delle murature e delle loro dimensioni, è che possano essere riferite a qualche struttura di una certa monumentalità. Potrebbe trattarsi, ad esempio, dei resti di un primo impianto produttivo, magari più piccolo di quello che è oggi in luce e organizzato in maniera differente ma, allo stato attuale delle ricerche, non si può neanche escludere che si tratti di tracce riferibili ad un complesso con tutt'altre funzioni. Quello che sembra certo è che gli orientamenti e la distribuzione di queste prime strutture finirono per influenzare anche l'organizzazione degli spazi all'interno dell'impianto più tardo.

Al momento della costruzione delle grandi fornaci, infatti, alcune di queste strutture furono reimpiegate e andarono a costituire l'ossatura del nuovo complesso; altre furono probabilmente demolite e le pietre che le costituivano, frazionate in blocchetti di dimensioni minori, furono riutilizzate per la costruzione dei basamenti delle nuove murature.

Le fornaci romane. La campagna 2007 ha consentito di affrontare l'indagine stratigrafica di una delle cave di argilla utilizzate nel periodo in cui erano in funzione le grandi fornaci.

La cava, strutturata a cielo aperto, è situata all'interno del perimetro murario dell'impianto, probabilmente perché al suo interno lavorava manodopera schiavile che, al pari delle maestranze impegnate nella realizzazione dei manufatti e nella gestione del fuoco all'interno delle fornaci, necessitava di un controllo costante. Ha una pianta circolare, con un diametro di circa 16 metri e si approfondisce al centro, probabilmente mediante una serie di gradini dal profilo verticale inclinato.

Dopo la fine del suo utilizzo, la cava fu riempita con una enorme quantità di frammenti di anfore e laterizi, materiali di scarto risultanti dall'attività delle grandi fornaci nelle loro più recenti fasi di vita. Lo scavo ha interessato alcuni di questi depositi, che hanno consentito il recupero di grandi quantità di frammenti ceramici che saranno impiegati nella definizione delle cronotipologie delle produzioni delle fornaci.

Figura 3. La cava in fase di scavo

L'analisi dell'andamento della superficie di questi strati e lo studio dei loro processi di formazione ha consentito di formulare alcune ipotesi a proposito dell'organizzazione e della profondità della cava, che potrebbe essere stata distribuita su tre gradoni principali, dell'ampiezza di 10 piedi romani (circa 3 metri) e della profondità di circa 6 piedi (circa m 1.80). In questo modo, la cava avrebbe una profondità totale stimabile in 18 piedi (circa m. 5.40) e dal suo interno avrebbero potuto essere cavati quasi 300 m^3 di argilla, per un totale di circa 6000 tonnellate. Poiché un'anfora pesa circa 30 kg, si può stimare che l'argilla cavata avrebbe potuto essere impiegata per produrre circa 20.000 anfore, pari alla produzione di 80 infornate e distribuibile nell'arco di 13 mesi di produzione. Se, come si immagina, gli impianti erano attivi solo durante i mesi più asciutti (da giugno a settembre) si può supporre che la cava sia stata in uso per circa 3 anni. La particolare organizzazione dell'impianto, costituito da due metà simmetriche e speculari tra di loro, quasi come se fossero due impianti distinti, con un unico punto di tangenza costituito dalla centrale Corte dei Fornaciai, lascerebbe, però, ipotizzare la presenza di una seconda cava, non ancora individuata, che potrebbe trovarsi nella zona NE dell'impianto. In questo caso, immaginando che la cava individuata alimentasse solo le due fornaci posizionate più ad ovest, si potrebbe immaginarne una durata d'uso per circa 6 anni.

Dopo le fornaci. La necessità di ampliare le aree di indagine ha portato, nella campagna 2007, ad affrontare in gran parte dei saggi di scavo (Forno 6, Corte di Carico Est e Portico Sud) lo studio delle fasi di vita posteriori all'uso delle grandi fornaci. Quando le province romane che, in antico, erano state le destinatarie delle enormi quantità di vino prodotto in Maremma presero a produrre per proprio conto il vino necessario al soddisfacimento dei propri bisogni, la domanda di vino dall'Italia calò bruscamente, portando rapidamente al collasso tutto quel segmento produttivo che, per diversi secoli, aveva costituito il motore trainante dell'economia della Maremma. Con il crollo della domanda del vino, ovviamente, crollò rapidamente anche la produzione delle anfore e il grande stabilimento delle fornaci di Albinia finì per cadere in disuso.

Le stratificazioni indagate nel corso della campagna 2007 raccontano quello che successe dopo: una realtà di trasformazioni, riadattamenti e riusi che non sembra caratterizzata da cesure nell'utilizzo e nella vita delle strutture.

Figura 4. Ciotola con piedino prodotta in uno dei laboratori del quartiere artigianale.

Cessata la sua funzione primaria, spente le fornaci, chiuse le grandi cave e smantellati i laboratori, infatti, il complesso continuava a stagliarsi nel paesaggio, con le sue alte mura, le sue corti coperte, e i suoi ampi spazi recinti e protetti. Le strutture, anziché essere abbandonate, vennero occupate da un gruppo di persone, forse dagli stessi discendenti degli schiavi che vi avevano lavorato al tempo delle grandi fornaci. Queste persone, ormai probabilmente libere, suddivisero le ampie corti del complesso in più piccoli ambienti, all'interno dei quali ricavarono abitazioni, strade e laboratori, trasformando l'antico impianto delle fornaci in un grande quartiere artigianale in cui si viveva, si lavorava e si commerciava.

Figura 5. Resti del forno nella bottega del portico sud.

Il quartiere era abitato da vasai, che vi allestivano piccoli forni per la preparazione di ceramiche di uso comune, come piccole olle con coperchio, brocche e bottiglie che venivano poi smerciate sui mercati locali. Del quartiere sono state indagate una abitazione privata, allestita all'interno della vecchia Corte di Carico Est e due botteghe di vasai, ricavate rispettivamente nella vecchia Corte dei Fornaciai e all'interno del Portico Sud.

14

Questi contesti, che descrivono un orizzonte cronologico probabilmente inquadrabile tra il II e il IV sec. d.C., dopo il loro abbandono furono rapidamente sigillati dal crollo delle antiche strutture di argilla cruda, che li seppellì, conservandoli intatti fino ad oggi. La particolarità di questa situazione è evidente nella disposizione degli arredi, che conservano ancora le loro posizioni originarie, consentendoci di ricostruire una realtà che è rimasta sostanzialmente intatta attraverso lo scorrere di oltre quindici secoli.

Silvia Pallecchi (Università di Siena)

3. Le aree indagate

3.1 La Cava. Le analisi al georadar, condotte nel corso della campagna 2005 dall'Università di Genova, avevano evidenziato la presenza di una forte anomalia geomagnetica nell'area a sud-ovest del corpo delle fornaci. L'anomalia, che aveva una pianta circolare e un diametro di circa 16 metri è stata oggetto di indagini archeologiche nel corso della campagna appena conclusa e si è rivelata essere un'enorme buca scavata nel banco di argilla e poi riempita completamente di frammenti di anfore e materiali da costruzione.

Figura 6. La Cava durante le operazioni di scavo.

Si tratta, evidentemente, di una delle zone da cui veniva estratta l'argilla necessaria alla realizzazione delle anfore. Il suo riutilizzo, nelle fasi più tarde della vita dell'impianto, come discarica per i materiali mal cotti, ne ha consentito la sopravvivenza, consegnando agli archeologi un contesto intatto e dalle grandi potenzialità informative. Le cave di argilla, infatti, a differenza di quelle realizzate per l'estrazione di altri materiali, come il marmo o i metalli, tendono a scomparire ad opera degli agenti atmosferici che, nei secoli, ne cancellano le tracce. Questa è una delle ragioni per cui la cava rinvenuta ad Albinia costituisce una realtà unica nel panorama dei contesti produttivi di età romana noti a livello europeo.

Figura 7. Insieme di grandi tegole all'interno del riempimento della cava.

La cava di Albinia, realizzata a cielo aperto, affondava nel terreno per diversi metri, con un profilo a forma di tronco di cono rovesciato. Come nelle cave di argilla attestate in Sicilia nei primi anni del Novecento, le pareti della cava erano scandite da una serie di gradoni risparmiati nell'argilla, che servivano a limitare i rischi connessi con eventuali cedimenti delle pareti e, al tempo stesso, ad agevolare la risalita del carico. L'analisi dei materiali ceramici con cui la cava fu riempita dopo la fine del suo utilizzo ha consentito di dimostrare che le quattro grandi fornaci attive nel corso della fase centrale della vita dell'impianto, oltre alle anfore, producevano anche materiali da costruzione.

Sara De Sanctis (Università di Siena)

3.2 Il Forno 6: il peso del vuoto. Il cuore dell'ampio quartiere artigianale romano giace scoperto al centro dell'area archeologica ormai oggetto di indagine e studio da oltre 8 anni. Muscoli un tempo pulsanti dell'attività produttiva di tale straordinario impianto sono le quattro grandi fornaci gemelle specularmente allineate a coppie: delle strutture originarie sono conservati e nettamente evidenti gli scheletri delle camere di combustione, ove veniva accatastato e bruciato il materiale necessario per la loro accensione e funzionamento. In realtà il forno collocato nel quadrante sud est dell'area interrompe questo assetto ordinato e geometrico: al suo posto infatti è attualmente visibile un esteso avvallamento, le cui dimensioni ricalcano esattamente il perimetro della costruzione antica, sottolineandone nel contempo la dolorosa mutilazione. Se le fasi terminali della vita dell'insediamento artigianale romano sono scandite

18

dall'abbandono graduale di tutti i grandi impianti, solo nel caso di questo forno assistiamo allo smantellamento quasi totale degli elementi costitutivi. Secondo uno schema consueto per l'antichità e tipico dei periodi di contrazione economica di ogni tempo, gran parte dei materiali provenienti dalla distruzione della fornace vengono riutilizzati altrove nello stesso insediamento per consolidare strutture fatiscenti o per crearne di nuove.

Per il secondo anno consecutivo si è scelto di approfondire l'indagine di tale contesto, comprendendo la potenzialità delle informazioni ricavabili dall'apparente assenza di tracce. Lo scavo stratigrafico del Forno 6 ha permesso di ricostruire, in un percorso a ritroso nel tempo, il momento in cui lo spazio generato dalla demolizione dell'impianto divenne il luogo naturale per l'accumulo degli elementi di scarto e delle macerie prodotte dall'opera di trasformazione del sito, fornendo un prezioso campionario dei materiali che costituivano l'alzato dei muri.

Figura 8. Il Forno 6 in corso di scavo.

Osservando la dinamica dei crolli causati dal saccheggio dell'intelaiatura della fornace è stato, poi, possibile seguire le vicende costruttive dell'impianto che, durante la sua attività, fu oggetto di numerosi interventi di manutenzione e rifacimento: si è appreso, ad esempio, che la struttura di coibentazione circostante il *furnium* vero e proprio, sorta di incamiciatura isolante, è stata più volte demolita e ricostruita sopra i propri resti, probabilmente in seguito ai periodici e traumatici allagamenti cui era esposta l'area.

Il progressivo innalzamento dei piani di calpestio coinvolgeva anche l'interno della fornace, dove sono state riportate alla luce due differenti porzioni della pavimentazione del corridoio centrale della camera di combustione.

All'interno della fornace, sono attualmente visibili alcune parti ancora *in situ* delle sostruzioni che reggevano il piano forato ove venivano impilati i manufatti per la cottura, in perfetto allineamento con i setti murari delle fornaci sopravvissute.

Figura 9. Il corridoio di accesso al Forno 6, in fase di scavo.

Questo singolare contesto, distrutto in antico, ha concesso l'opportunità di esaminare dall'interno uno dei grandi forni, senza porre gli archeologi davanti alla difficile scelta di dover intervenire sui manufatti con sondaggi invasivi per comprendere tecniche e modalità costruttive. Un'acquisizione importante di questa campagna di scavo proviene dall'angolo nord ovest della superficie occupata dalle vestigia della fornace, dove è stata individuata parte di una muratura su cui è stata alloggiata la struttura di coibentazione più antica ad oggi emersa. Rimane da chiarire se le pietre sapientemente squadrate che compongono tale muro siano state realizzate appositamente a tale fine o se, più probabilmente, non provengano da un edificio antecedente al complesso artigianale, ancora di difficile identificazione.

Martina Revello Lami (Università di Siena)

3.3 Una casa nella Corte di Carico Est. Nel vecchio cortile orientale dell'impianto, una volta che le grandi fornaci 1 e 2 smisero di essere utilizzate, venne ricavata un piccola abitazione che riutilizzava gli antichi muri perimetrali dell'ambiente.

Figura 10. La soglia dell'abitazione.

A terra era stato allestito un pavimento in legno, rialzato su piccole travi poggianti direttamente al suolo. A sinistra dell'entrata era stato posizionato un mobile in legno, forse un armadio o uno scaffale, mentre alla destra di chi entrava, era visibile un piccolo focolare, probabilmente funzionale alla cottura dei cibi. Lungo la parete orientale, era appoggiata al muro una grande anfora, forse reimpiegata come riserva di cibo o di acqua.

Figura 11. La Corte di Carico Est in corso di scavo.

Con il passare del tempo, la parete perimetrale ovest della vecchia corte divenne pericolante e fu puntellata con una armatura di legno. Questa armatura, insieme ad un mucchio di macerie già crollate a terra dal muro, finì per imporre una differente organizzazione degli spazi interni. Quando fu necessario ripristinare il pavimento, questo fu infatti disposto con un orientamento parallelo a quello di questa armatura e, quindi, fortemente disassato rispetto all'andamento dei muri perimetrali. Contestualmente, nel muro perimetrale ovest fu praticato un varco che venne a creare un nuovo accesso alla struttura per chi proveniva dall'area del vecchio cortile dei prefurni. Anche gli arredi di questa seconda abitazione si sono conservati in situ.

Figura 12. I resti della giara.

Al suo interno sono stati rinvenuti, infatti, i resti di una grande giara, interrata riutilizzando la cavità di un fornetto a catasta più antico, le tracce di un armadio in legno più piccolo di quello della fase precedente, ma posizionato nel medesimo angolo della struttura e un piccolo focolare interrato, costituito da una fossa scavata nel terreno e intonacata con argilla cruda.

Figura 13. Resti del focolare.

Sopra al focolare era adagiata una griglia, forse in metallo, che poggiava a nord su tre piccoli pilastri in argilla e laterizio, mentre a sud era sorretta da due pali in legno infissi nel muro perimetrale della struttura.

Carlo Regoli (Università di Siena)

3.4 Il laboratorio di un vasaio nella Corte dei Fornaciai. L'attuale ingresso alla zona archeologica corrisponde all'antico passaggio da cui transitavano i carri che rifornivano di combustibile le fornaci e che, al contempo, provvedevano ad eliminare la massa di ceneri risultante dalla loro attività. L'area ove si svolgevano le operazioni di carico e scarico dei materiali necessari alla combustione è delimitata, nei confini settentrionale e meridionale, dalle grandi bocche dei prefurni e, lungo i fronti occidentale ed orientale, dai muri sui quali si aprivano i due accessi carrabili.

La Corte dei Fornaciai, territorio comune alle quattro fornaci gemelle dove si concentrava il lavoro delle maestranze addette all'alimentazione e controllo dei fuochi, è stata sottoposta, negli ultimi anni, ad un'indagine estensiva, nel tentativo di ricostruirne la storia e le modalità di utilizzo.

Le fasi sinora messe in luce raccontano il periodo successivo alla dismissione dei grandi impianti, quando evidentemente l'ambiente non era più direttamente legato alla gestione dei forni. Il primo riflesso di tale variazione d'uso si può senz'altro osservare nella scelta logistica di chiudere i due accessi carrai, che vengono sostituiti da più modesti passaggi pedonali. Terminato lo sfruttamento intensivo dei forni, infatti, non era più necessario un costante e massiccio approvvigionamento di combustibile e, quindi, anche i varchi creati per il transito dei carri finirono per risultare superflui. All'interno della Corte si continuava comunque a lavorare, anche dopo la sospensione dell'attività produttiva connessa alle anfore: la fabbricazione dei grandi contenitori vinari viene gradualmente sostituita da quella di vasellame di uso domestico, come la ceramica comune da mensa. A tale suppellettile sono destinati un serie di piccoli fornetti che, nelle fasi terminali della vita dell'insediamento artigianale, costellano tutto il complesso. Ad oggi, quattro di queste strutture sono state individuate entro i confini della sola Corte dei Fornaciai, anche se, con ogni probabilità, non lavorarono mai contemporaneamente. Si tratta di costruzioni in genere a pianta quadrangolare che difficilmente superano il metro di lunghezza, articolate secondo la tipologia architettonica degli impianti maggiori: camera di combustione, piano di cottura, camera di cottura a volta e coibentazione termica circostante. Anche queste strutture subirono, durante il loro ciclo vitale, interventi di rifacimento e consolidamento dovuti allo stress cui erano sottoposte, mentre le operazioni connesse alla loro installazione erano semplificate dalla presenza delle grandi fornaci ormai in disuso. Alcuni fornetti, infatti, vengono direttamente addossati alle camicie isolanti delle antiche fornaci, sfruttandone anche i materiali già messi in opera, mentre altri sono addossati alle poderose murature in pietra che contenevano le fornaci maggiori.

Un'interessante opera di riutilizzo è documentata nel caso del forno 21, edificato contro uno dei pilastri quadrati realizzati per sorreggere la copertura della Corte dei Fornaciai e posto al centro della Corte stessa.

Figura 14. Un momento dello scavo del Forno 21.

Lo scavo degli impianti minori ha permesso il ritrovamento di una notevole quantità di materiali, che saranno determinanti per la comprensione delle classi ceramiche prodotte, oltre che per la definizione della cronologia delle produzioni.

Accanto ai ruderi delle fornaci primarie non si lavorava solamente ad altre produzioni ceramiche, secondo una logica continuità di utilizzo degli ambienti preesistenti, ma si viveva. Il riadattamento strutturale degli elementi antichi non si limita infatti alla costruzione di fornetti sulle spoglie degli impianti maggiori, ma incide anche sul resto dello spazio disponibile: entro la corte un tempo brulicante di addetti al fuoco si assiste, infatti, all'edificazione di tramezzi e pareti, realizzati con materie deperibili quali il legno e l'argilla cruda.

Figura 15. La Corte dei Fornaciai al termine della campagna 2007.

Il procedere delle indagini permetterà di comprendere meglio la sequenza cronologica dei piccoli forni e, soprattutto, di mettere a nudo i livelli dove si consumava il logorante compito dei fornaciai, costretti a lavorare in mezzo a cumuli di cenere, a stretto contatto con fornaci gigantesche di cui respiravano giorno e notte gli sfiati roventi.

Cecilia Fioravanti (Università di Siena)
Martina Revello Lami (Università di Siena)

3.5 *La bottega nel Portico Sud.* Dopo la fine dell'attività delle grandi fornaci, nel Portico Sud si assiste ad un rialzamento dei piani di calpestio, che consente una riorganizzazione degli spazi e dei percorsi tra il portico stesso e le aree circostanti.

Figura 16. Un momento dello scavo del Portico Sud.

Contestualmente, al centro del Portico viene realizzata una struttura in materiale deperibile (legno e argilla), forse con funzione abitativa, di cui si sono conservati un battuto pavimentale in terra e cocci e numerosi chiodi in ferro che erano stati utilizzati per assemblare le travi lignee della copertura. Il rinvenimento, in questo contesto, di una borchia decorativa in bronzo indica la probabile presenza all'interno della struttura di elementi di arredo in legno, mentre sul battuto pavimentale si conservano tracce di focolari, segno evidente di una frequentazione assidua.

Con il procedere della riconversione dell'antica area industriale in quartiere abitativo, diventa necessaria una ulteriore riorganizzazione degli spazi all'interno dell'area Sud, dove viene allestito un grande portico coperto, sorretto da pilastri di legno posti in opera su pesanti basi in pietra. La copertura, che a nord si appoggiava ai ruderi delle strutture murarie dell'antica Corte di Carico Ovest, è realizzata in tegole, argilla e paglia.

Figura 17. Due delle basi in pietra che sostenevano i pilastri del Portico.

All'interno dell'area porticata si organizza un laboratorio di vasaio specializzato nella produzione di piccole olle in ceramica comune e munito di un piccolo forno per la cottura dei manufatti che, nel corso dell'attività, è più volte sottoposto a restauri e ricostruzioni. Tra i livelli di utilizzo di una delle fasi intermedie di questo forno, sono stati rinvenuti i resti di una infornata che, evidentemente, aveva subìto degli incidenti in fase di cottura. All'interno di questo strato, ricco di cenere e carbone, sono stati infatti recuperati i resti di 10 piccole olle con coperchio che, esposte ad un calore eccessivo, si erano annerite ed erano divenute inadatte alla commercializzazione.

A Sud, all'esterno dell'area porticata, viene realizzata una strada con piano in cocci battuti, il cui grado di frammentazione sembra riferibile ad usure provocate dal transito di carri. Tra il portico e la strada era presente una struttura in legno, forse un bancone che, affacciandosi sulla strada, poteva essere funzionale all'esposizione dei prodotti della bottega.

Matteo Colombini (Università di Siena)

4. I materiali

4.1 Anfore. Le antiche fornaci di Albinia erano specializzate nella produzione di anfore vinarie che, riempite del vino prodotto nell'immediato entroterra degli impianti e stivate all'interno delle navi onerarie, facevano rotta verso la Gallia.

Le anfore sono da sempre oggetto di studio, non solo per la loro notevole diffusione e per la complessità dei loro aspetti morfologici ma, soprattutto, per le preziose informazioni che possono fornirci sulla storia del commercio e delle antiche rotte commerciali, sulle abitudini alimentari e sulla produttività di paesi e popolazioni in determinati momenti storici.

Le anfore rinvenute nel sito di Albinia sono genericamente riferibili ai tre tipi "greco-italico", "Dressel 1" e "Dressel 2/4".

Le anfore greco-italiche costituiscono le produzioni più antiche e sono genericamente databili intorno al III a.C.; le Dressel 1 risalgono ai primi decenni del I secolo a.C. e sono attestate in tre varianti che differiscono nel peso e in alcune caratteristiche morfologiche, ma non nella capacità. Le Dressel 2/4 rispecchiano, infine, i periodi più tardi dell'attività delle grandi fornaci e costituiscono un tentativo di risposta all'affievolirsi della domanda di vino italico da parte delle province.

Nel corso della campagna 2007 sono state raccolte, circa 15 casse di frammenti di anfore. Tutti i materiali raccolti, attualmente custoditi presso il deposito di

Torre delle Saline, saranno oggetto di studi e analisi approfondite nel corso dei prossimi mesi.

Sara De Sanctis (Università di Siena)

4.2 Ceramica comune. Nel corso della campagna 2007 è stato raccolto un numero significativo di frammenti ceramici provenienti da tutte le aree di scavo indagate. Tra i materiali portati alla luce sono degni di nota alcuni reperti che, per quantità, per particolari contesti di rinvenimento o per il semplice stato di conservazione, ci permettono di ampliare le informazioni in nostro possesso sulla ceramica comune prodotta nell'impianto di Albinia.

Figura 18. Frammento di chioma pertinente ad una decorazione architettonica.

Interessanti sono i numerosi coperchi in ceramica depurata che costituivano l'ultimo carico di due piccole fornaci poco distanti tra loro, una rinvenuta nell'area della Corte dei Fornaciai mentre l'altra era localizzata all'interno del Portico Sud. Dalla stessa zona provengono anche diversi frammenti riconducibili ad olle di piccole dimensioni, a parti di bottiglie e vasi per bere, insieme ad un frammento di chioma pertinente ad una terracotta architettonica stilisticamente simile ad alcuni frammenti rinvenuti nel corso della campagna 2006.

Figura 19. Frammento di lucerna dalla Corte dei Fornaciai.

Nella parte centrale del sito, all'interno della Corte dei Fornaciai, sono stati raccolti molti frammenti di ceramica comune, tra i quali si segnalano una lucerna ed un piccolo tegame su sostegni, insieme a qualche raro esemplare di ceramica a pareti sottili e a vernice rossa.

Infine, all'interno della Corte di Carico Est, si segnala un'olla in ceramica semi-depurata, pressoché ricomponibile, rinvenuta all'interno di un grande *dolium* in terracotta adagiato al centro dell'area.

Carlo Regoli (Università di Siena)

4.3 Materiali da costruzione. La campagna di scavo appena conclusa ha consentito di reperire e studiare una notevole quantità di materiali da costruzione. Sono stati catalogati 766 frammenti tra tegole, coppi, mattoni e mattoncini per pavimenti a lisca di pesce e per colonne fittili.

Figura 20. Laterizi triangolari per la costruzione di colonne fittili.

Di particolare interesse è stato il saggio praticato nell'area della Cava d'argilla che, dopo l'esaurimento della sua funzione primaria, fu utilizzata come discarica e accolse tutti gli scarti delle più tarde produzioni delle fornaci. La Cava, in particolare, ha restituito 351 frammenti di tegole, 76 frammenti di coppi e 65 frammenti di mattoni, la cui analisi è attualmente in corso.

Tra i materiali raccolti, si segnala la presenza di tegole e mattoni con impronte umane e di animali.

Figura 21. Impronta delle dita di un operaio delle fornaci, sulla superficie di un mattone.

Interessante è stato, all'interno della Cava, anche il ritrovamento di laterizi da costruzione e da copertura mal cotti o, talvolta, vetrificati, che hanno dimostrato, senza ulteriori possibilità di dubbio, che le fornaci di Albinia furono utilizzate, seppur in maniera minoritaria, anche per la produzione di questi materiali.

Arianna Crivelli (Università di Siena)

4.4 Metalli e monete. Nel corso della campagna 2007 è stata rinvenuta una discreta quantità di monete e di reperti metallici, prevalentemente in ferro e in bronzo e genericamente identificabili come strumenti da lavoro (lame e punte), materiali da carpenteria (chiodi), finiture di elementi di arredo (borchie e cerniere) e oggetti di uso quotidiano (chiavi e fibbie).

Figura 22. Grosso chiodo in bronzo rinvenuto nell'area della Corte dei Fornaciai.

Tutti questi materiali sono attualmente in corso di restauro e catalogazione e saranno oggetto di studi approfonditi nel corso dei prossimi mesi.

5. Rilievo strumentale

Durante la campagna 2007 è proseguita l'attività di rilievo strumentale dei contesti stratigrafici e delle strutture dell'insediamento produttivo albiniese. Il rilievo planimetrico dei nuovi giacimenti portati in luce è stato effettuato tramite stazione totale modello Topcon GPT 2009. L'utilizzo di questo strumento permette il posizionamento assoluto dei punti notevoli nello spazio, sia in modalità bidimensionale che tridimensionale. Questi vengono in seguito trattati al computer per ricomporre un modello planimetrico complesso, metricamente fedele all'originale sul terreno.

Alla raccolta dei punti notevoli dei complessi emersi, fra cui i forni 19 e 20 e il piccolo Forno 21, è seguita quindi la rielaborazione informatica degli stessi, dapprima tramite il software Meridiana, ed in seguito in ambiente CAD, per agganciare le nuove evidenze al rilievo già prodotto nelle scorse campagne.

Parallelamente è stata avviata una campagna di rilievo particolareggiato delle murature del complesso portate in luce nelle campagne precedenti, al fine di implementare e perfezionare la documentazione.

Nell'analisi dei contesti murari è stata data precedenza alle strutture contenute o pertinenti ai saggi in corso di scavo nelle ultime due campagne, per integrare i dati dei contesti stratigrafici rimossi con quelli permanenti o semipermanenti delle strutture. Per il rilievo sono state utilizzate due differenti metodologie: il rilievo tramite disegno manuale e il rilievo tramite fotogrammetria computerizzata.

La prima metodologia, di impostazione tradizionale, prevede la rappresentazione grafica in scala 1:20 dei contesti tramite disegno manuale su carta da lucido, appositamente agganciata a riferimenti metrici preventivamente allestiti sul terreno (fig.23). Questa metodologia consente un rilievo relativamente rapido ed efficace, ma soffre di alcuni evidenti fattori di imperfezione, dovuti principalmente al grado di precisione ed alla abilità grafica di chi effettua materialmente il rilievo.

Figura 23. rilievo manuale del complesso di murature meridionali della corte centrale.

La metodologia di rilievo tramite fotogrammetria consiste invece nell'effettuazione di riprese fotografiche il più possibile zenitali, ovvero perfettamente verticali, dei contesti stratigrafici in indagine, preventivamente dotati di punti di controllo (mire o *control points*) per permettere la successiva elaborazione strumentale dei dati metrici della foto. Le riprese fotografiche vengono i seguito trattate con il software di raddrizzamento Rollei MSR. Il software, attraverso l'elaborazione dei dati metrici forniti dai punti di controllo, elimina lo scarto di obliquità della ripresa, trasformandola in una ripresa perfettamente zenitale. La foto archeologica è quindi pronta per essere ulteriormente rielaborata in ambiente CAD oppure nuovamente per via manuale.

Figura 24. Fotogrammetria del Forno 2.

Anche la metodologia fotogrammetrica, piuttosto complessa, non è esente da imperfezioni e difficoltà di attuazione, prevalentemente legate alla zenitalità delle foto originali. Quando ben condotta permette però una precisione di resa assoluta dei particolari di uno strato o di una struttura, come soltanto una foto può offrire.

L'utilizzo di entrambe metodologie, integrate, permette quindi una resa altamente efficace dei contesti archeologici, come nel caso del complesso albiniese.

Nella campagna 2007 sono state rilevate tutte le strutture pertinenti alla corte centrale dei prefurni, i muri del cosiddetto vano-vasca occidentale ed il grande Forno 2 (fig. 24) con il relativo muro perimetrale a contrafforti, i forni 19-20. Sono inoltre stati effettuati i rilievi fotogrammetrici dei prospetti occidentali dei forni 6 e 7 e delle murature del vano-vasca.

L'acquisizione dei dati è stata ulteriormente approfondita con la redazione delle schede di Unità Stratigrafica Muraria delle strutture rilevate.

Claudio Calastri (Università di Bologna)
Erika Vecchietti (Università di Bologna)

6. Le visite

Nel corso della campagna 2007 si è scelto, con il patrocinio del Comune di Orbetello e con l'appoggio della Proloco di Albinia e dei Rotary Club di Grosseto e di Orbetello, di aprire il cantiere alla popolazione, consentendo la visita al sito archeologico ed accogliendo all'interno dell'équipe alcuni volontari che, imparati i primi rudimenti del lavoro dell'archeologo, hanno poi fornito un valido aiuto alle operazioni di ricerca.

Figura 25. Miriam, una giovanissima volontaria al lavoro.

Le visite al cantiere, che sono rientrate all'interno del programma "Le notti dell'archeologia 2007", oltre che nelle attività della Fiera del Cavallo che si è tenuta ad

Albinia nel mese di Luglio, sono state guidate direttamente dagli archeologi coinvolti nelle operazioni di ricerca.

Dato il periodo interessato dalla campagna, le visite non hanno potuto coinvolgere le scuole del circondario. Tuttavia, nel corso della campagna si è registrata la presenza di circa 350 visitatori, il 20% dei quali è stato costituito da bambini di età inferiore agli 13 anni, con un discreto incremento rispetto alle visite totalizzate nel corso della campagna 2006.

I visitatori registrati nel corso della campagna 2007, sono stati, per la maggior parte, costituiti da turisti italiani residenti in province differenti da quella di Grosseto e turisti stranieri, villeggianti nelle vicine stazioni balneari. Questi ultimi sono stati attratti verso il sito delle fornaci prevalentemente grazie al materiale divulgativo stampato a cura dei Rotary Club di Grosseto e di Orbetello e distribuito nelle strutture ricettive di tutte le principali località turistiche della zona.

Una parte dei visitatori italiani residenti in province diverse da quella di Grosseto è, invece, appositamente accorsa ad Albinia in occasione della visita al sito archeologico, pubblicizzata in una serie di articoli apparsi su riviste e periodici a tiratura sia locale che nazionale.

Discreta è stata anche la partecipazione della popolazione locale, soprattutto in occasione dell'iniziativa "Le notti dell'archeologia 2007", patrocinata dal Comune di Orbetello, e della "Fiera del Cavallo", organizzata ad Albinia dalla locale Proloco.

7. Gli sponsors

Un'iniziativa come quella dello scavo delle fornaci romane di Albinia non potrebbe essere portata avanti senza la collaborazione e il sostegno di Enti, Associazioni e privati che, in vario modo, rendono possibili le operazioni di ricerca, studio e valorizzazione.
Il progetto di ricerca e valorizzazione del sito delle fornaci romane di Albinia è sostenuto da:

PROVINCIA DI GROSSETO

COMUNE DI ORBETELLO

SUPERMERCATI SMA
ALBINIA

ROTARY CLUB GROSSETO
ROTARY CLUB ORBETELLO
FONDAZIONE ROTARIANA
"CARLO BERLIRI ZOPPI"

BANCA DI CREDITO
COOPERATIVO DI
SATURNIA
SEDE DI ALBINIA

ASSOCIAZIONE
"INCONTRIAMOCI"
ALBINIA

PUBBLIART
ALBINIA

TRECI
ALBINIA

GEOARCHEO
GROSSETO